Zitate
für Deinen Erfolg

zusammengetragen
von
Christiane Krohn

www.hypnoseberlin.de

꙰ ✡ ꙰

Die Autorin

Heilpraktikerin Christiane Krohn wurde 1970 in Berlin geboren.
In eigener Praxis tätig hält sie Seminare in Augendiagnose und klassischer Zungendiagnose, arbeitet mit Naturheilmethoden sowie Coaching und Hypnosetherapie.

www.hypnoseberlin.de

＊ ✡ ＊

*Wenn Dir nur ein einziges Zitat
aus diesem Buch auf Deinem Weg hilft,
dann hat sich dieses Buch gelohnt!*

*Ich wünsche Dir von Herzen
viel Erfolg.*

Christiane Krohn

꙰ ✡ ꙰

Originalausgabe
©2008 Heilpraktikerin Christiane Krohn
www.hypnoseberlin.de
info@naturheilpraxis-krohn.de

2. Auflage
"Herstellung und Verlag: Books on Demand GmbH, Norderstedt".
ISBN: 9783837000047

⤳ ✡ ⤲

Dieses Büchlein ist in 2 Teile aufgebaut:

1. Teil – die bloßen Zitate

2. Teil – kommentierte Zitate

Viel Spaß beim Lesen, Verstehen und Umsetzen!!!

ॐ ✡ ॐ

ᴓ ✡ ᴓ

Es gibt nur einen Grund für alles Leben,
nämlich dass ihr und alles was lebt,
diese Herrlichkeit in ganzer Fülle erfahrt.
Alles was ihr sonst sagt, denkt oder tut, dient diesem Zweck.
Es gibt nichts anderes für eure Seele zu tun,
und nichts anderes was eure Seele tun möchte.

Aus Neale Donald Walsch
„Gespräche mit Gott Bd. 1."

ᴓ ✡ ᴓ

"Ein Weiser wurde gefragt,
welches die wichtigste Stunde sei, die der Mensch erlebt,
welches der bedeutendste Mensch, der ihm begegnet,
und welches Werk das notwendigste sei.
Die Antwort lautete:
Die wichtigste Stunde ist immer die Gegenwart,
der bedeutendste Mensch immer der,
der dir gerade gegenübersteht,
und das wichtigste Werk ist immer die Liebe."

(Meister Eckehart – Theologe)

꙳ ✡ ꙳

෩ ✡ ෬

Achte auf deine Gedanken, sie werden zu Worten.
Achte auf deine Worte, sie werden zu Taten.
Achte auf deine Taten, sie werden zu Gewohnheiten.
Achte auf deine Gewohnheiten, sie prägen deinen Charakter.
Achte auf deinen Charakter, er bestimmt dein Schicksal.
(Frank Outlaw)

Die reinste Form des Wahnsinns ist es, alles beim Alten zu lassen und gleichzeitig zu hoffen, dass sich etwas ändert.
(Albert Einstein - Physiker)

Mein Gott, was hilft aber alles Licht, wenn die Leute entweder keine Augen haben, oder die, die sie haben, vorsätzlich verschließen?
(Georg Lichtenberg– Physiker und Schriftsteller)

Gedanken, nicht Geld, sind das echte Geschäfts-Kapital.
(Harvey S. Firestone- Industrieller)

Wahrheiten, die man ganz besonders ungern hört, hat man besonders nötig.
(Jean de La Bruyère - Schriftsteller)

Ganz gleich, wie beschwerlich das Gestern war, stets kannst du im Heute von neuem beginnen.
(Siddharta Gautama – Begründer des Buddhismus)

Fürchte Dich nicht vor dem langsamen Vorwärtskommen, fürchte Dich vor dem Stehen bleiben.
(chinesisches Sprichwort)

～ ✿ ⤚

Es ist nicht genug zu wissen, man muss es anwenden.
Es ist nicht genug zu wollen, man muss es auch tun.
(Johann Wolfgang von Goethe - Dichter)

Es sind nicht unsere Fähigkeiten, die zeigen, wer wir wirklich sind, sondern unsere Entscheidungen.
Albus Dumbledore (aus Harry Potter)

Denken ist schwer, darum urteilen die Menschen.
(Carl Gustav Jung - Psychologe)

Hohle Töpfe haben den lautesten Klang.
(William Shakespeare - Dichter)

Ein Mensch steht niemals so aufrecht wie in dem Moment, in dem er einem anderen hilft.
(Mahatma Gandhi - Friedensaktivist)

Der erfolgreiche Mensch beschäftigt sich mit den Interessen der anderen, der erfolglose und gewöhnliche Mensch vorwiegend mit seinen eigenen Interessen.
(Alfred Adler, Schüler von Sigmund Freud)

Es ist sehr schwer, das Glück in uns zu finden. Und es ist ganz unmöglich, es anderswo zu finden.
(Nicolas Chamfort - Schriftsteller)

Sag einem Klugen einen Fehler, er wird erfreut und dankbar sein; ein Dummer sieht dich nur als Quäler und schnappt sofort beleidigt ein!
(Karl Heinz Söhler - Autor)

Die Probleme, die es in der Welt gibt, können nicht mit den gleichen Denkweisen gelöst werden, die sie erzeugt haben.
(Albert Einstein - Physiker)

Sie ziehen das an, woran Sie überwiegend denken – ob Ihnen diese Gedanken bewusst sind oder nicht. Da liegt der Hase im Pfeffer
(Michael Bernard Beckwith - Meditationslehrer)

Manche Leute kaufen sich von dem Geld, das sie nicht haben, Sachen, die sie nicht brauchen um Leuten zu imponieren, die sie nicht mögen.
(Ernst Bloch - Philosoph)

Rache ist eine Handlung, die man begehen möchte, wenn und weil man machtlos ist. Sobald aber dieses Gefühl des Unvermögens beseitigt ist, schwindet auch der Wunsch nach Rache.
(George Orwell - Schriftsteller)

Die Menschen wollen alle unsterblich sein, aber sie wissen schon an einem verregneten Sonntag nichts mit sich anzufangen.
(Heiko Ernst - Diplompsychologe)

Wer nicht mit dem zufrieden ist, was er hat, der wäre auch nicht mir dem zufrieden, was er haben möchte.
(Berthold Auerbach - Schriftsteller)

Wir sind, was wir denken. Alles was wir sind, entsteht aus unseren Gedanken. Mit unseren Gedanken formen wir die Welt.
(Siddharta Gautama – Begründer des Buddhismus)

⚚

Ein Mensch ist erfolgreich, wenn er am Morgen aus dem Bett steigt und am Abend wieder ins Bett geht – und dazwischen das tut, was er tun will.
(Bob Dylan – Sänger)

Im Alter bereut man vor allem die Sünden, die man **NICHT** begangen hat!
(William Somerset Maugham – Schriftsteller und Arzt)

Wieso soll ich unglücklich sein, wenn ich auch glücklich sein kann? Ich entscheide!
(Christiane Krohn – Heilpraktikerin und Autorin)

Es ist nicht gesagt, dass es besser wird wenn es anders wird, wenn es aber besser werden soll, muss es anders werden.
(Georg Lichtenberg– Physiker und Schriftsteller)

Wenn sich in Ihrem Leben nur etwas verbessern kann, indem sich ein anderer Mensch ändert oder gar die Vergangenheit umgeschrieben wird, geben Sie die Macht über ihr Leben ab.
(Kerstin Held)

Sei doch mal kreativ und reagiere anders als sonst auf Dinge und Situationen, die Dich immer wieder verärgern. Wenn Du Dir nicht gestattest, einen neuen Blickwinkel zu suchen, bleibst Du ewig an alten Verhaltensmustern kleben!
(Christiane Krohn – Heilpraktikerin und Autorin)

Freiheit bedeutet Verantwortlichkeit.
Das ist der Grund, weshalb die meisten Menschen sich vor ihr fürchten.
(George Bernard Shaw – Literaturnobelpreisträger)

Bücher sind Meister, die uns ohne Zucht und Strafe lehren, ohne Beschimpfungen oder Zorn. Wenn du etwas von ihnen willst, schlafen sie nicht, wenn du sie suchst, verstecken sie sich nicht, wenn du einen Fehler machst, schelten sie dich nicht, wenn du dich dumm anstellst, lachen sie dich nicht aus.
(Elizabeth B. Browning – Schriftstellerin)

Wenn wir unsere Feinde hassen, geben wir Ihnen eine große Macht über unser Leben: Macht über unseren Schlaf, unseren Appetit, unsere Gesundheit und unsere Geistesruhe.
(Andrew Carnegie - Großindustrieller)

Gutes Werkzeug, halbe Arbeit.
(ungarisches Sprichwort)

Wenn Dein Handeln nicht zum Erfolg geführt hat, dann bringt es doch nichts, sich noch mehr anzustrengen! Halte lieber einmal inne und überlege, ob es vielleicht einfach das Handeln selbst war, welches zum Scheitern führte. Suche dann kreativ nach einem anderen Lösungsweg. Ändere Deinen Blickwinkel.
(Christiane Krohn – Heilpraktikerin und Autorin)

Sobald ich das Ziel kenne, habe ich den halben Weg schon zurückgelegt.
(Kurt Tepperwein – Heilpraktiker und Autor)

Der Himmel hat uns Menschen gegen die Mühseligkeiten des Lebens 3 Dinge gegeben:
1. die Hoffnung
2. den Schlaf
3. das Lachen
(Immanuel Kant - Philosoph)

＊✡＊

Erfolg ist weder einen Ferrari noch eine Million Dollar zu haben. Erfolg ist es sein Leben zu leben, wie man es leben möchte.
(Jim Rohn - Autor)

Sicherheit erreicht man nicht, indem man Zäune errichtet, sondern indem man Tore öffnet.
(Urho Kaleva Kekkonen – finnischer Staatspräsident)

Lernen kann man nur von dem, der eine Sache liebt, nicht von dem, der sie ablehnt.
(Max Brod - Schriftsteller)

Was Sie in der Gegenwart denken und meinen, wird Ihre zukünftigen Erfahrungen gestalten. Deshalb ist es so wichtig, sich vor Negativität zu hüten.
(Barbara Goldmuth - Autorin)

Verschwenden Sie keine Zeit mit Menschen, mit denen Sie sich nie anfreunden werden. Ihre wahren Freunde sehen Sie ohnehin schon zu wenig.
(Kim Picking + Nicki Singer)

Die Tatsache, dass Ihr gegenüber Ihnen einen Vorwurf macht, heißt noch lange nicht, dass Sie einen Fehler begangen haben und sich ändern müssen! Entscheiden Sie selbst, ob Sie eine Kritik annehmen oder nicht.
(Kerstin Held)

Wenn ein Feind dir Böses angetan hat, schenke jedem seiner Kinder eine Trompete. ☺
(chinesisches Sprichwort)

᷿ ✡ ᷎

Es gibt mehr Leute die kapitulieren, als solche die scheitern.
(Henry Ford - Automobilhersteller)

Wenn du einen Freund hast, geh ihn oft besuchen; denn Dornen und
Gestrüpp verwachsen den Weg, der nicht begangen wird.
(aus Asien)

Wenn der Bogenschütze sein Ziel verfehlt, dann dreht er sich um und
sucht den Grund für sein Versagen in sich selbst.
(Konfuzius - Philosoph)

Auch Ärger kostet Zeit. Wenn Sie an der Situation was ändern können,
dann los! Wenn nicht, versuchen Sie etwas an Ihrer Sichtweise zu
ändern.
(Kim Picking + Nicky Singer)

Ein Bauch, den Sie hassen, bleibt aus Trotz.
(Werner Tiki Küstenmacher - Autor)

Wer es gelernt hat, sich von der Herrschaft des Ärgers zu befreien, wird
das Leben viel lebenswerter finden.
(Bertrand Russell - Philosoph)

In unserer Macht stehen unser Handeln, unser Denken und unser
Fühlen. Alles Übrige steht nicht in unserer Macht.
(Moritz Boerner – Lebensberater und Autor)

Erfahrung ist nicht das, was einem zustößt. Erfahrung ist das, was man
aus dem macht, was einem zustößt.
(Aldous Huxley - Schriftsteller)

☙ ✡ ❧

Es gibt nur 2 wahre Gefühle: Das eine ist Liebe, das andere ist Angst. Die Liebe ist unsere wahre Wirklichkeit; Angst ist etwas, das unser Geist erfunden hat, und daher ist sie unwirklich.
(Gerald G. Jampolsky – Arzt und Autor)

Man fragt den anderen meistens um Rat, nicht weil man nicht weiß, was man tun soll, sondern weil man es eben weiß, aber ungern tut und vom Ratgeber eine Hilfe für die leidende Neigung erwartet.
(Jean Paul - Schriftsteller)

Manche Leute richten schon den Blick auf den nächsten Berg, ohne sich die Zeit zu gönnen, den eben erst erklommenen Berg zu würdigen.
(Sayana Roman - Autor)

„Geh du vor" sagte die Seele zum Körper, „auf mich hört er nicht, vielleicht hört er auf dich." – „ Ich werde krank werden, dann wird er auf dich hören", sagte der Körper zur Seele.
(Ulrich Schaffer - Schriftsteller)

Besser unvollkommene Entscheidungen durchführen als ständig nach vollkommenen suchen, die es niemals geben wird.
(Charles de Gaulle - Präsident)

Wenn wir keine Fehler machen heißt das, dass wir nicht genug neue Dinge ausprobieren.
(Phil Knight – Gründer von NIKE Inc.)

Die meisten unserer Fehler sind verzeihlicher als die Mittel, die wir anwenden, um sie zu verbergen.
(La Rochefoucauld - Aphoristiker)

Unsere Intuition kann als lebendiges Geschöpf verstanden werden, dass sich von aufmerksamen Zuhörern ernährt und jedes Mal ein bisschen stärker wird, wenn wir seinem Rat folgen.
(Clarissa Pinkola Estes - Psychologin)

Man spürt in der Regel sofort, wenn etwas nicht stimmt oder nicht in Ordnung ist. Genauso kann man spüren, wenn etwas gut ist. Doch letzteres spüren wir eher selten, weil wir primär nach Fehlerquellen suchen, auch dann noch, wenn die Dinge an sich perfekt sind.
(Ilse Plattner - Psychologin)

Die meisten unserer Fehler erkennen und legen wir erst dann ab, wenn wir sie an anderen entdeckt und gesehen haben, wie sie denen stehen.
(Karl Gutzkow - Schriftsteller)

Jede Krise fordert uns auf zu handeln, statt zu leiden. Sie sagt uns, dass wir uns zu lange auf das Problem konzentriert haben statt auf die Lösung.
(Barbara Goldmuth - Autorin)

Das ist eins der Probleme: Man hat euch beigebracht, nie etwas falsch zu machen, und dadurch seid ihr so zögerlich und ängstlich geworden.
(Osho – Begründer der Neo-Sannyas-Bewegung)

Nicht weil es schwer ist, wagen wir es nicht, sondern weil wir es nicht wagen, ist es schwer.
(Seneca - Philosoph)

Es ist gefährlich, anderen etwas vorzumachen, denn es endet damit, dass man sich selbst was vormacht.
(Eleonore Duse - Schauspielerin)

⤳ ✡ ⤶

Alle Weisheit dieser Welt lässt sich in 2 Zeilen sagen:
Was für dich getan wird – lass es zu.
Was du selbst tun musst – sorg dafür, dass du es tust.
(Weisheit der Sufi)

Vertraue heute doch einmal vollkommen darauf, dass absolut alles, was Du erfahren hast und was Dir begegnet ist, auch wirklich für Dich bestimmt ist und für Deine Entwicklung von Bedeutung ist oder noch sein wird. Vertraue heute!
(Christiane Krohn – Heilpraktikerin und Autorin)

Hast du es eilig, gehe langsam.
Hast du es besonders eilig, mache einen Umweg.
(Japanische Weisheit)

Vielleicht haben Sie schon einmal in Ihrem Leben bemerkt, dass es durchaus seinen Sinn hat, wenn Sie sich unausgeglichen und orientierungslos fühlen, denn dadurch lernen Sie, wie man ausgeglichener wird und seine Orientierung im Leben findet.
(Sayana Roman - Autor)

Es gibt nur einen Weg zum Glück, und der bedeutet aufzuhören mit der Sorge um Dinge, die jenseits der Grenzen unseres Einflussvermögens liegen.
(Epiktet - Philosoph)

In Wahrheit ist es nicht das Loslassen, was wehtut, sondern das Festhalten.
(Barbara Goldmuth - Autorin)

Dem Wagemutigen hilft das Glück, der Faule steht sich selbst im Weg.
(Seneca - Philosoph)

Wenn man einmal anfängt Dankbarkeit zu fühlen, dann gibt es plötzlich tausendundeine Sache, für die man dankbar ist.
(Osho – Begründer der Neo-Sannyas-Bewegung)

„Was nützen einem Menschen 80 Jahre die er nutzlos verbracht hat? Er hat nicht wirklich gelebt, er hat sich nur im Leben aufgehalten und er ist nicht spät gestorben, er hat nur lange dazu gebraucht."
(Seneca - Philosoph)

Was ist meine Definition von richtig? Was in Einklang ist mit der Existenz, ist richtig, und was nicht in Harmonie ist mit der Existenz, ist falsch. Du musst also jeden Moment wachsam sein, denn das muss immer aufs Neue entschieden werden.
(Osho – Begründer der Neo-Sannyas-Bewegung)

Um neue Möglichkeiten zu schaffen, ist es notwendig, sich von Menschen und Dingen zu trennen, die einen in seiner Entfaltung nur behindern. Auch sollte man sich sowohl von denen verabschieden, die sich selbst nicht verbessern wollen, als auch von denen, die der neuen Entwicklung nicht folgen wollen.
(Chao Hsiu-Chen - Autorin)

Diejenigen, die in dieser Welt durchkommen, sind die, die sich erheben und Ausschau halten nach den Verhältnissen, die sie benötigen. Und wenn sie diese nicht finden, stellen sie diese eben selbst her.
(George Bernhard Shaw - Literaturnobelpreisträger)

＊

Wer A sagt, der muss nicht B sagen.
Er kann auch erkennen, dass A falsch war.
(Bertolt Brecht - Dramatiker)

Es ist nicht wenig Zeit, die wir haben, sondern es ist viel Zeit, die wir nicht nutzen.
(Seneca - Philosoph)

Es ist nicht unsere Aufgabe, von allen gemocht oder bewundert zu werden. Unsere Aufgabe ist es, Selbstachtung zu entwickeln und unseren eigenen Weg zu verfolgen.
(Kerstin Held)

In Wirklichkeit ist Dunkelheit nur das Fehlen von Licht. Das Licht dagegen existiert. Wenn du das Licht ausschaltest, wird es dunkel. Dunkelheit existiert nicht, man kann sie nicht ausschalten. Angst ist Dunkelheit. Sie ist Abwesenheit von Liebe.
(Osho – Begründer der Neo-Sannyas-Bewegung)

Das Geld ist nie ganz weg, es ist nur vielleicht gerade bei jemand anderem.
(Bodo Schäfer – Motivationstrainer und Autor)

Es ist von großem Vorteil, die Fehler, aus denen man lernen kann, recht frühzeitig zu machen.
(Winston Churchill – Premierminister)

Am Anfang jeder Tat steht eine Idee. Nur was gedacht wurde existiert.
(Konfuzius – Philosoph)

Den Schlüssel zum Erfolg kenne ich nicht, aber den Schlüssel zum Misserfolg ist der Versuch, allen gefallen zu wollen.
(Bill Cosby – Entertainer)

Nicht den Berg bezwingen wir, sondern uns selbst.
(Sir Edmund Hillary – erster Mensch auf dem Mount Everest)

Einige Leute behaupten, ich wäre ein glücklicher Golfer. Aber wissen Sie was? Je härter ich trainiere, desto mehr Glück habe ich.
(Gary Palmer – Golfprofi)

Beginne mit dem Notwendigen, dann mit dem Möglichen und plötzlich wirst du das Unmögliche tun.
(Franz von Assisi – Heiliger)

Verändere die Betrachtungsweise von Dingen und die Dinge, die du betrachtest, werden sich ändern.
(Dr. Wayne Dyer – Autor)

Wir finden immer eine Möglichkeit, etwas Unsinniges zu tun, um ja nicht tun zu müssen, was wir eigentlich tun müssten.
(Melody Beattie – Schriftstellerin)

Du musst nicht großartig sein, um etwas zu beginnen – aber du musst etwas beginnen, um großartig zu sein.
(Zig Ziglar – Autor)

Neunundneunzig Prozent allen Versagens wird durch Leute verursacht, die es sich zur Gewohnheit gemacht haben Ausreden zu haben.
(George W. Carver – Chemiker)

Alles was Du im Leben tust - und scheint es auch noch so unwichtig zu sein - ist wichtig! Selbst das Klo zu putzen ist wichtig!! Probier's mal aus – putz mal sechs Wochen dein Klo nicht – dann weißt Du, wie wichtig selbst das ist.
(Christiane Krohn – Heilpraktikerin und Autorin)

Der einzige Maßstab für das, was du glaubst, ist was du tust.
Wenn du wissen willst, was die Leute glauben, lies nicht, was sie schreiben, frage sie nicht, was sie glauben, beobachte nur, was sie tun.
(Ashley Montague – Humanist)

Die Fesseln der Gewohnheit sind so dünn, dass man sie nicht spürt, bis sie so dick sind, dass man sie nicht mehr zerreißen kann.
(Samuel Johnson – Autor)

Wenn man seinen Geldbeutel in seinem Kopf ausleert, kann einem das niemals weggenommen werden. Eine Investition in Wissen bringt immer die besten Zinsen.
(Benjamin Franklin – Präsident und Erfinder)

Wenn ich einen Satz auswählen sollte, um meine ganze Lehre zusammenzufassen, würde ich sagen: Lass nichts Böses in deinen Gedanken sein.
(Konfuzius – Philosoph)

Wir leben nur einmal, wobei die Entscheidung ganz bei uns liegt, ob wir auf Zehenspitzen durch dieses Leben gehen und hoffen bis zum Ende nicht allzu viele Beulen abzubekommen – oder wir können ein erfülltes Leben leben, in welchem wir unsere Ziele erreichen und unsere wildesten Träume realisieren.
(Bob Proctor – Millionär)

Es gibt nur eins, was auf Dauer viel teurer ist als Bildung: keine Bildung.
(John F. Kennedy – Präsident)

Die beste Voraussetzung ist dieses learning by doing. Wenn man auf der Kabarettbühne mit drei Zuschauern im Saal anfängt und dann irgendwann ganze Hallen füllt.
(Jürgen von der Lippe – TV-Moderator)

Sich zu ärgern gleicht dem trinken von Gift und dann zu hoffen, es würde deine Feinde Töten.
(Nelson Mandela – Friedensnobelpreisträger)

Nichts spornt mich mehr an als die drei Worte: DAS GEHT NICHT. Wenn ich das höre, tue ich alles, um das Unmögliche möglich zu machen.
(Harald Zindler – Mitbegründer Greenpeace)

Weder gibt es das Gute noch das Schlechte – unsere Gedanken erst machen es dazu.
(William Shakespeare – Dichter)

Auch wenn wir unsere Anstrengungen verstärken bei Dingen, die nicht funktionieren, werden die Ergebnisse nicht besser.
(Charles J. Givens – Immobilienspekulant)

Niederlagen machen dich stärker. Du nutzt sie als Sprungbrett. Schließe die Tür zur Vergangenheit. Versuche nicht deine Fehler zu vergessen, aber halte sie dir nicht dauernd vor. Lasse sie nichts von deiner Energie, deiner Zeit oder deines täglichen Lebens in Beschlag nehmen.
(Jonny Cash – Countrysänger)

Manchmal lehrt mich die schlechte Seite des Lebens mehr Weisheit als die gute.
(Sprichwort der Sioux-Indianer)

Wir müssen lernen, uns selbst der beste Freund zu sein, weil wir nur allzu leicht den Fehler machen uns selbst der schlimmste Feind zu sein.
(Roderick Thorp – Drehbuchautor)

Jeder Mensch ist genau da, wo er sei will – egal, ob er es sich nun eingesteht oder nicht.
(Earl Nightingale - Philosoph)

Glaube und handle als sei es unmöglich zu versagen.
(Charles F. Kettering – Erfinder)

Fallen ist weder gefährlich noch eine Schande. Liegenbleiben ist beides.
(Konrad Adenauer – Bundeskanzler)

Dem unverbesserlichen Pessimisten ist jeder Misserfolg recht um Recht zu behalten.
(Billy Wilder – Regisseur)

Diejenigen, die es nicht können, werden selbstverständlich zu Kritikern.
(Rick Beneteau – Unternehmer)

Alles, was ich nicht erreicht habe im Leben, habe ich ausschließlich mir selbst zu verdanken.
(Abraham Lincoln – Präsident)

Du musst etwas finden, das du so stark willst, das du alle Risiken überwindest, über jede Hürde springst und durch jede Mauer brichst, die immer auf dem Weg zum Erfolg erscheinen. Wenn du diese Entschlossenheit nicht hast, wirst du am ersten großen Hindernis scheitern.
(George Lucas – Filmproduzent)

Verantwortung ist eine abnehmbare Last, die sich leicht Gott, dem Schicksal, dem Glück, dem Zufall oder dem nächsten aufladen lässt. In den Tagen der Astrologie war es üblich, sie einem Stern aufzubürden.
(Almrose Bierce – Schriftsteller)

Gott beantwortet das Gebet auf seine Weise, nicht auf die unsrige.
(Mahatma Gandhi – Friedensaktivist)

Ich glaube, dass Du dein Schicksal bestimmst. Du prägst dein Leben selbst. Das meiste ist Einstellungssache, und genau danach habe ich mein Leben ausgerichtet. Ich bewege mich innerhalb dieser Einstellungen und welche das sind, liegt alleine an mir.
(Brad Pitt – Schauspieler)

Wenn du eine Garantie haben willst, dann kauf dir einen Toaster.
(Clint Eastwood – Schauspieler)

Ein reicher Mann ist oft nur ein armer Mann mit sehr viel Geld
(Aristoteles Onassis – Milliardär)

Es kommt wie es kommen muss – die Ausrede aller Faulpelze.
(Wilhelm Raabe – Erzähler)

☙ ✡ ❧

Wenn du etwas wirklich willst, findest du einen Weg. Willst du es nicht wirklich, findest du Ausreden.
(Arabisches Sprichwort)

Habe keine Angst davor, langsam zu gehen, sondern nur davor, still zu stehen.
(Chinesisches Sprichwort)

Du siehst die Dinge und fragst: Warum? Ich aber erträume die Dinge, die es noch nie gab und frage: Warum nicht?
(George Bernhard Shaw –Literaturnobelpreisträger)

Die Neugier steht immer an erster Stelle eines Problems, das gelöst werden will.
(Galileo Galilei – Wissenschaftler)

Du lebst nur einmal – aber wenn du daraus das Beste machst, ist einmal genug.
(Joe Louis – Boxweltmeister)

Der Kopf ist rund, damit das Denken seine Richtung verändern kann.
(Francis de Picabia – Maler)

Es gehört oft mehr Mut dazu, seine Meinung zu ändern, als ihr treu zu bleiben.
(Friedrich Hebbel – Dichter)

～ ✡ ～

Je länger ich lebe, desto mehr erkenne ich die
Auswirkung der Einstellung auf das Leben.
Einstellung ist meines Erachtens wichtiger als Fakten.
Sie ist wichtiger als die Vergangenheit, als Erziehung, als Geld,
als Umstände, als Fehlschläge, als Erfolg,
als das, was andere Menschen denken oder sagen.
Sie ist wichtiger als das äußere Erscheinungsbild,
Fähigkeiten oder Begabung.
Sie macht den Unterschied aus zwischen Aufbau und Ruin
von einer Firma, einer Kirche und einem Heim.
Das Beeindruckende daran ist, dass wir jeden Tag die Wahl haben,
welche Einstellung wir für diesen Tag annehmen wollen.
Wir können unsere Vergangenheit nicht verändern...
Wir können die Tatsache nicht verändern, dass Menschen sich
auf eine bestimmte Weise verhalten.
Wir können das Unvermeidbare nicht verändern.
Das einzige, was wir verändern können, ist, auf der einen Seite zu
spielen, die wir haben, und das ist unsere Einstellung...
Ich bin überzeugt, dass das Leben zu 10% aus dem besteht,
was mir widerfährt,
und zu 90%, wie ich darauf reagiere.
Und so ist es auch bei Ihnen

(Charles Swindoll –Pastor, Autor und Prediger)

❧ ✡ ❧

~ ✡ ~

kommentierte
Zitate

"Die Wissenschaft fängt eigentlich erst da an interessant zu werden, wo sie aufhört."
(Justus von Liebig – Chemiker)

Glaubst Du, was Alle glauben, tust Du, was Alle tun? Dann wird Dein Leben früher oder später langweilig. Hinterfrage doch mal Meinungen und Ansichten, Deine und die von Anderen, und gehe dann mal eigene Wege. Ein Zeichen, dass Dein Weg richtig sein könnte, ist, wenn Alle Dir davon abraten. Leben heißt erleben und etwas erschaffen, was noch keiner vor Dir erschafft oder erlebt hat.

"Die beste Antwort wird immer die noch bessere Frage sein."
(Edward E. Cummings – Schriftsteller und Dichter)

*Die beste Erfahrung für Dich selbst wirst Du machen, wenn Du nicht alles glaubst, was Dir eingeredet wird, sondern Fragen stellst! Die Wahrheit sieht anders aus als es Dir die Medien, die Werbung und die meisten Deiner Mitmenschen weiß machen wollen. Wenn Du hinterfragst, liegt eine spannende Zeit vor Dir. Egal mit was Du anfängst – Partnerschaft, Gesundheit, Religion, Geld - Du wirst Wunder erleben. Eine erste Frage könnte sein? Was will **ICH** wirklich? Und **WARUM** will ich das?*

"Wenn etwas nicht zu vermeiden ist, sollte es wenigstens Spaß machen."
(Sandra Bullock – Schauspielerin)

Ein Satz guter Satz, den die Amerikaner gerne benutzen:
„Love it, change it or leave it".
Zu Deutsch: Liebe es, ändere es, oder nehme es hin.
Wenn wir etwas tun, dann sollten wir es gern machen. Wenn wir etwas anders machen möchten, sollten wir versuchen es zu ändern. Wenn das nicht geht oder außerhalb unserer Möglichkeiten liegt, sollten wir akzeptieren wie es ist oder uns einfach eine andere Aufgabe (Job) suchen oder uns davon trennen (Partner). Dann wird das Leben einfach! Meckern und sich täglich ärgern bringt Dir doch nichts! Voraussetzung dazu jedoch: Habe den Mut Dich zu entscheiden!

"Die Managerkrankheit ist eine Epidemie, die durch den Uhrzeiger hervorgerufen und durch den Terminkalender übertragen wird."
(John Steinbeck - Literaturnobelpreisträger)

Spätestens dann, wenn man sich abends fragt, was man heute eigentlich erreicht hat, obwohl man durch den Tag gehetzt ist, wird es Zeit etwas zu verändern. Die ersten Schritte zu mehr Gelassenheit und (Arbeits-)freude sind: Sich selbst kleine Tagesziele setzen, die Dich persönlich weiterbringen, NEIN sagen lernen, wenn möglich Aufgaben delegieren und etwas tun, was Dir Freude macht. Fange an zu leben und lasse Dich nicht durchs Leben treiben und hetzen.

"Und plötzlich weißt Du: Es ist Zeit, etwas Neues anzufangen und dem Zauber des Anfangs zu vertrauen."
(Meister Eckehart – Theologe)

Das einzig Beständige ist bekanntlich der Wandel und zurzeit verändert und wandelt sich Alles viel schneller als noch vor einigen Jahrzehnten. Am Leichtesten tun sich diejenigen, die sich selbst ändern und an sich arbeiten; am Schwersten haben es diejenigen, die erst durch die Umstände dazu gezwungen werden müssen.

"Lerne zu vergessen, was nutzlos ist, und erinnere dich mit Liebe an alles Schöne."
(Francesco Petrarca – Dichter)

Wenn wir die Tür zur Vergangenheit schließen oder einfach Altes loslassen, was vorbei ist oder nicht zu ändern ist, fangen wir an das Schöne zu sehen. Einfach ausprobieren, ob das stimmt!

"Man muss es so einrichten, dass einem das Ziel entgegenkommt."
(Theodor Fontane – Schriftsteller)

Sein Ziel erreicht man am Leichtesten, wenn man es aufschreibt, es klar vor seinem inneren Auge sieht (visualisiert) und dann daran arbeitet.

❧ ✡ ☙

"Ein vornehmer Mensch tadelt sich selbst, ein gewöhnlicher die anderen."
(Konfuzius – Philosoph)

Meist suchen wir die Fehler und die Ursache von Problemen bei den Anderen. Damit geben wir den Anderen (Umwelt, Politik, Partner, etc.) die Schuld für unsere Probleme, alles bleibt wie gehabt oder wird sogar noch schlimmer. Diejenigen, die wissen wie das Leben funktioniert, arbeiten an SICH, ändern SICH und auf einmal ändern sich die Situationen und auch die Anderen. Glaube das nicht, probiere es einfach aus.

"Der Tag, an dem ihr aufhört, das zu wählen, was von anderen für euch gewählt wurde, wird der Augenblick eurer Befreiung sein."
(Neale Donald Walsch – Autor)

Erkenne, dass Dich niemand verletzen und beleidigen kann, wenn Du es nicht zulassen willst. Wenn Andere Dich ärgern, musst Du Dich nicht ärgern, wenn Andere schlechte Laune haben, musst Du nicht das Gleiche tun. Nur DU entscheidest, was Du denken und wie Du Dich fühlen willst. Wir wurden mit einem freien Willen erschaffen und sollten endlich anfangen dieses fantastische Geschenk zu nutzen und zur Entfaltung zu bringen.

"Die Liebe allein versteht das Geheimnis, andere zu beschenken und dabei selbst reich zu werden."
(Clemens von Brentano – Diplomat)

Wenn wir Anderen etwas aus vollem Herzen geben, geht es uns richtig gut, wenn wir jemanden, den wir lieben, etwas Schönes schenken, sind wir glücklich. Wenn Du etwas verschenkst mit Hintergedanken, wirst Du nur enttäuscht werden! Viele schenken nur, um etwas zurückzubekommen – aber so funktioniert es nicht! Gebe von Herzen und erwarte nichts – Du wirst Dich umso mehr freuen über das Unerwartete.

⤳ ✡ ⤶

"Für diejenigen, die immer nur warten, kommt alles zu spät."
(Elbert G. Hubbard – Essayist)

Wenn Du etwas schon längere Zeit anfangen wolltest, wenn Du einen unerfüllten Traum mit Dir rumschleppst, gibt es nur einen idealen Zeitpunkt damit zu beginnen: Jetzt! Fange endlich an!

"Der ideale Tag wird nicht kommen. Der ideale Tag ist heute, wenn wir ihn dazu machen."
(Horatio W. Dresser – Philosoph)

Der Tag wird so werden, wie wir ihn uns denken und wünschen. Nur müssen wir richtig denken - nicht an das, was wir fürchten sondern an das was wir uns wünschen. Sorge Dich nicht vor dem Hindernis – vielleicht ist ja gar keins da!

"Denken ist die schwerste Arbeit, die es gibt. Das ist wahrscheinlich auch der Grund, dass sich so wenige Leute damit beschäftigen."
(Henry Ford - Automobilhersteller)

Beobachte doch einfach mal, was Du den ganzen Tag lang so denkst. Sind die meisten Gedanken auf das gerichtet, was Dich ärgert, sorgt oder sogar mutlos macht; oder denkst Du häufiger an das, was Dir Freude macht oder was Du erreichen willst? Was bringt Dir mehr??

"Jeder Gedanke ist ein Baustein am werdenden Schicksal - im Guten wie im Bösen."
(Prentice Mulford – Journalist)

Unsere Gedanken sind weit mehr, als nur was wir darüber denken, sondern sie wirken sich auf unsere Gesundheit, auf unseren Beruf, auf unsere Beziehungen und vieles mehr aus. Das, was wir immer wieder denken und dabei noch intensive Freude- oder Angstgefühle entwickeln, wird Realität - früher oder später. Achte doch mal heute auf Deine Gedanken und denke nur, was Du willst und was Dir Freude macht.

❧ ✡ ❧

"Ich brauche keine Menschen, die große Versprechungen machen.
Ich brauche Menschen, die ihre kleinen Versprechungen halten."
(Rainer Haak – Theologe und Schriftsteller)

Das Wichtigste ist die Selbstdisziplin und das sagt viel über mich aus! Erst wenn ich tue, was ich sage, und halte, was ich verspreche, werde und bin ich glaubwürdig, erlange Selbstvertrauen und auch die Anderen werden mitmachen und mir Vertrauen schenken.

"The only way to get a friend is to be one."
(Ralph Waldo Emerson – Philosoph und Schriftsteller)

Zu Deutsch: "Der einzige Weg einen Freund zu finden, ist es selbst ein Freund zu sein." Erst wenn ich zu Anderen freundlich bin, sind die Anderen freundlich zu mir und erst wenn ich den Anderen Vertrauen schenke, vertrauen die Anderen mir. Es geht nicht andersherum.

"Die Arznei ist oft schädlicher als die Krankheit."
(deutsches Sprichwort)

Gesundheit ist unser wichtigstes Gut. Wenn sich eine Krankheit einstellt, will unsere Seele, dass wir etwas an unserer Lebens- oder Denkweise ändern. Sie verlangt nicht nach Medikamenten sondern nach Veränderung - unsere Veränderung. Wir alle wissen, Medikamente haben oft mehr Nebenwirkungen als uns bewusst ist, anderes Denken hat noch nie geschadet.

"Erfolg kommt nicht zu denen die warten - und er erwartet auch nicht von jemandem, zu ihm zu kommen."
(unbekannt)

Erst wenn wir wissen, was wir wollen, gelernt haben, wie man das erreicht, was wir uns wünschen, und jeden Tag etwas dafür tun, werden wir den Erfolg haben, den wir erwarten.

"Unser Glück beruht darauf, dass wir tun, was wir für richtig und angemessen halten, und nicht, was andere sagen oder tun."
(Mahatma Gandhi – Friedensaktivist)

Wir haben im Leben immer zwei Möglichkeiten. Entweder wir tun, was Andere von und zu uns sagen und reagieren einfach darauf oder wir setzen uns eigene Ziele, machen eigene Pläne und gehen proaktiv durchs Leben. Nur wenn wir unser Leben selbst in die Hand nehmen und die Verantwortung dafür selbst in jeder Beziehung übernehmen entwickeln wir uns und werden UNSER Leben leben – und nicht das der Anderen.

"Was du heute erlebst, ist das Ergebnis deiner vergangener Gedanken und Gefühle. Deine Zukunft entsteht aus dem, was du heute denkst und fühlst."
(Jerry Hicks – Autor)

Unsere Gedanken sind manchmal wie ein junger Hund, sie machen, was sie wollen. Denken wir heute doch einfach mal an das, was wir wollen, und nicht an das, wovor wir Angst haben. Auch bei den Hunden ist es wie bei den Menschen: Einige machen, was das Herrchen will, und einige lernen es nie - bei diesem Herrchen. ☺

"Man kann einen Menschen nichts lehren, man kann ihm nur helfen, es in sich selbst zu entdecken."
(Galileo Galilei – Wissenschaftler)

Wie und Woraus lernen wir? Nur aus unserer eigenen Erfahrung. Nicht aus dem, was die Anderen erzählen. Und da jeder Mensch seine eigenen individuellen Erfahrungen gemacht hat, kann man nicht wissen, welche Erfahrung oder welches Wissen für ihn genau das Richtige ist. Man kann ihm nur helfen, das Richtige zu finden. Der erste Schritt könnte sein herauszufinden, wie man richtig denkt, um zu entdecken, was Gedanken alles bewirken.

⊱ ✡ ⊰

"Ein gesunder Körper ist ein Gästezimmer für die Seele, ein kranker ein Gefängnis."
(Sir Francis Bacon – Philosoph und Staatsmann)

Unser Körper ist eine geniale Schöpfung und er bleibt gesund, wenn wir ihm das geben, was er braucht: Lebensmittel, die ihn gesund halten, positive Gedanken und regelmäßige Bewegung. Wenn wir krank werden, dann sind nicht die Anderen oder die Viren schuld, sondern nur wir selbst. Nur wenn wir unser Verhalten, unsere Gedanken und unsere Gewohnheiten ändern, werden und bleiben wir gesund. Medikamente bekämpfen immer nur die Symptome – nie die Ursache.

"Wir brauchen nicht so fortzuleben wie wir gestern gelebt haben. Machen wir uns von dieser Anschauung los, und tausend Möglichkeiten laden zu neuem Leben ein."
(Christian Morgenstern – Dichter)

Wir haben mehr Chancen und Möglichkeiten als wir ahnen. Wenn uns etwas nicht gefällt und wir uns darüber ärgern, wird es sich immer wieder wiederholen, bis wir endlich wach werden und uns unsere Freiheit zurückholen. „Ich habe immer die falschen Männer", „Egal welchen Job ich mache, es klappt nie" – Die Anderen sind nicht Schuld – sondern suche den Fehler bei Dir! Wenn Du dich änderst, ändern sich auch die Probleme.

"Weise ist der Mensch, der nicht den Dingen nachtrauert, die er nicht besitzt, sondern sich der Dinge erfreut, die er hat."
(Epiktet - Philosoph)

Warum sorgen wir uns um Dinge, die wir verlieren könnten, oder sind traurig über etwas, das wir nicht mehr haben? Wäre es nicht viel sinnvoller, sich an dem zu erfreuen und das zu genießen, das wir haben? Viele, die z.B. endlich eine glückliche Beziehung führen, die endlich den Traumjob bekommen haben, denken: „Wo ist der Haken?". Genieße doch endlich Dein Glück und Sorge Dich nicht um Probleme, die gar nicht da sind.

☙ ✡ ❧

"Das Leben soll kein uns gegebener, sondern ein von uns gemachter Roman sein."
(Novalis – Schriftsteller)

Was wir in keiner Schule lernen ist, wie wir das Drehbuch unseres Lebens schreiben können. Wir lernen erst später, dass wir vieles bewusst beeinflussen können und unbewusst auch so einiges geschieht. Wir müssen nicht ertragen, was wir bekommen sondern wir können "bestellen", was wir gern hätten. Nimm Dein Leben JETZT in die Hand und es wird schön!

"Der Eine kommt vorwärts, der Andere wird nur älter."
(Josef Schmidt – Philosoph)

Vor allem gehört zu unserem Leben unsere persönliche Entwicklung. Am Besten entwickeln wir uns durch die Lösung von Problemen. Vielleicht gibt es aus diesem Grund Probleme. Das Leben wäre langweilig ohne sie. Oder?

"Wenn du im Recht bist, kannst du dir leisten, die Ruhe zu bewahren, und wenn du im Unrecht bist, kannst du dir nicht leisten, sie zu verlieren."
(Mahatma Gandhi – Friedensaktivist)

Je besser wir uns kennen und je klarer unsere Vorstellungen, von dem sind, was wir langfristig erreichen wollen, desto ruhiger können wir das Chaos im Hier und Jetzt ertragen. Es bringt nichts über die aktuellen Probleme zu klagen – sondern sie anzupacken.

"Wenn Sie das Denken nicht beherrschen, beherrscht das Denken Sie! Gedanken, die Sie nicht loslassen, werden Ihr Los!"
(Arthur Lassen – Motivationstrainer)

Deine heutigen Gedanken bestimmen wie Dein Tag heute wird und vieles mehr. Was denkst Du jetzt? Wie fühlen sich die Gedanken an? Sind sie positiv oder negativ? Was gefällt Dir besser?

"Wer überall sein will, ist nirgends zu Hause."
(Seneca - Philosoph)

Das gilt sowohl für das Privat- als auch im Geschäftsleben. Wer alles wissen und erleben will und überall dabei sein muss, kann nirgends richtig da und gut sein. Es ist ein riesiger Unterschied, ob wir das Richtige machen oder etwas richtig machen!

"Jeden, dem ich etwas beweisen will, nehme ich wichtiger als mich selbst."
(Ute Lauterbach – Philosophin und Autorin)

Warum brauche ich die Anerkennung von Anderen, wenn ich mit mir im Reinen bin? Warum sollen Andere darüber bestimmen, was ich denke und für richtig halte? Man kann es nie allen recht machen. Und warum auch? Es geht um MEIN LEBEN! Deshalb: Gehe Deinen eigenen Weg und lasse die Anderen ihren eigenen finden.

"Wer einmal sich selbst gefunden hat, der kann nichts auf der Welt mehr verlieren."
(Stefan Zweig – Schriftsteller)

Der Weg nach innen ist DIE Lösung für viele, viele Probleme und dann zeigt uns die innere Stimme immer häufiger den richten Weg. Folge Deiner Intuition! Dafür hast Du sie ja!

"Man kann nicht denken, wenn man es eilig hat."
(Platon – Philosoph)

Wenn Du wirklich entspannt und innerlich ruhig bist, haben Sorgen keine Chance. Wenn Du jedoch in Eile und unkonzentriert bist, machst Du häufiger Fehler und vergisst vielleicht sogar das Wichtigste. Brauchst Du eine geniale Idee, dann nehme Dir Zeit für Dich selbst und höre auf Deine innere Stimme.

"Du sollst der werden, der du bist."
(Friedrich Nietzsche – Philosoph)

Viele kennen Ihren Partner, Ihre Kollegen und sogar viele Orte auf dieser Welt besser als sich selbst. Wer bin ich? Was ist meine Aufgabe, in der ich meine Talente entfalten kann und mit der ich mich wohl fühle? Wie kann ich mich entwickeln? Das sind alles Fragen, die man nur selbst beantworten kann und auf die man eine Antwort finden sollte.

"Leben das heißt: Immer einmal mehr aufstehen als hinfallen."
(John Wayne – Schauspieler)

Fehler sind dazu da um aus ihnen zu lernen! Nur wer etwas wagt, gewinnt. Der Spruch ist bekannt, doch beherzigen ihn nur wenige von uns. Wir wissen, wir sind nicht perfekt, aber wir wagen oft nicht etwas zu tun, was wir noch nie getan haben. Wie willst Du sonst Erfahrungen sammeln und damit etwas perfekter zu werden? Was tust Du heute Neues ohne genau zu wissen, ob es auch klappen wird?

"Wenn es einen Glauben gibt, der Berge versetzen kann, so ist es der Glaube an die eigene Kraft."
(Marie Freifrau von Ebner-Eschenbach – Schriftstellerin)

Wenn wir von etwas wirklich überzeugt sind und fest daran glauben, dass es Wirklichkeit wird, wird es früher oder später Realität.

"Gerade jene Steine, die dich ins Stolpern bringen, sind deine Wegweiser."
(Martin Gerhard Reisenberg – Bibliothekar)

Unsere Probleme bringen uns in unserer persönlichen Entwicklung weiter, wenn wir sie annehmen, uns über sie freuen und nach Lösungen suchen. Wenn wir ihnen jedoch ausweichen, werden sie von Tag zu Tag größer und wir verlieren Schritt für Schritt unser Selbstvertrauen. Welches Problem packen wir heute mutig an?

"Selbstvertrauen ist eines der besten Mittel, Anderen Vertrauen zu können."
(Ernst Ferstl – Lehrer und Autor)

Erst muss ich mir selbst vertrauen, wenn ich Anderen vertrauen will und diese auch mir vertrauen sollen. Selbstvertrauen kann man lernen und muss täglich geübt werde, bevor es die Anderen erkennen.

"Der geniale Mensch ist der, der Augen hat für das, was ihm vor den Füßen liegt."
(Johann Jakob Mohr – Pädagoge und Dichter)

Wir merken oft erst, was wir alles haben und können, wenn wir es eines Tages verlieren. Bedanke Dich ab heute dafür, wie gut es Dir geht, anstatt über das zu klagen, was Dir noch fehlt.

"Man klagt so sehr bei jedem Schmerz und freut sich so selten, wenn man keinen fühlt."
(Georg Lichtenberg– Physiker und Schriftsteller)

Wenn uns etwas weh tut, wenn uns etwas ärgert oder Sorgen bereitet, dann nehmen wir das bewusst wahr. Würden wir lernen, genau so bewusst, die Momente im Leben, wo es uns gut geht und wo wir eigentlich sorgenfrei frei sind, bewusst als Glück zu empfinden, würde unser Leben viel leichter werden. Stehe morgens auf und bedanke Dich für das was du hast!

"Jedem redlichen Bemühn sei Beharrlichkeit verliehn."
(Johann Wolfgang von Goethe - Dichter)

Heute erwarten wir, dass alles schnell geht und verlieren oft den Mut wenn es nicht sofort klappt. Aber in der Natur geht nichts schnell, alles braucht seine Zeit. Und so ist es auch im Leben, wenn wir etwas wirklich wollen und jeden Tag etwas dafür tun, wird es eines Tages Realität. Das Gras wächst auch nicht schneller, wenn Du daran ziehst!

≈ ✡ ≈

"Die Natur hat das Gesäß für die Ruhe geschaffen, da die Tiere ja stehen können, ohne müde zu werden, der Mensch jedoch seiner Sitzfläche bedarf."
(Aristoteles – Philosoph)

Zur Ruhe kommen ist eine Kunst und gleichzeitig die einzige Möglichkeit seine innere Stimme zu hören. Diese Kunst kann man erlernen und dieses Lernen lohnt sich mehr als alles andere Lernen auf dieser Welt. Denn nur Deine innere Stimme kann Dir Deinen Weg weisen!

"Wir brauchen nicht mehr Kraft, mehr Talent oder mehr Gelegenheit. Was wir brauchen, ist der Wille, zu nutzen, was wir haben."
(Basil S. Walsh – Autor)

Wenn etwas schief geht, suchen wir die Schuld bei Anderen und wenn wir ein Problem haben, suchen wir Lösungen in Büchern oder bei anderen Menschen. Die Lösung ist jedoch in uns, wir können viel mehr als wir glauben.

"Nutze jede Stunde; wenn du das Heute wahrnimmst, wirst du weniger vom Morgen abhängen; indem man das Leben aufschiebt, eilt es von dannen"
(Seneca - Philosoph)

In der Ruhe liegt die Kraft. Negativer Stress macht uns unkonzentriert, positiver Stress dagegen spornt uns an, gibt uns Kreativität und Freude.

"Perlen liegen nicht am Strand. Wenn du eine willst, musst du nach ihr tauchen."
(Orientalische Weisheit)

Um etwas zu erreichen, musst Du etwas dafür tun! Viele reden nur, aber Du musst es anpacken um zum Erfolg zu gelangen. Nehme Dein Schicksal in die Hand und lasse Dich nicht vom Schicksal leiten.

⮞ ✡ ⮜

"Der Erfolg kommt nur über die Brücke der Planung zu dir."
(Adolf Loos – Architekt)

Erfolg ist kein Zufall, er hat etwas mit Vision, Ziel und Planen zu tun. Ohne Ziel brauche ich keinen Plan und ohne eine Vision sind die meisten Ziele kraftlos. Wenn jedoch der Glaube an die Vision hinzukommt, entsteht Begeisterung und Leidenschaft und dann ist man nicht mehr zu bremsen.

"Dem Menschen einen Glauben schenken, heißt, seine Kraft verzehnfachen."
(Gustave Le Bon – Arzt)

Wenn Wille und Glauben in die gleiche Richtung zeigen, können wir Berge versetzen. Die meisten unserer Mitmenschen haben keine konkreten Ziele und wenn sie welche haben, machen sie sich Sorgen, was alles passieren kann. Verhalte Dich ab heute anders: Setze Dir ein großes Ziel und glaube felsenfest, dass Du es erreichst!

"Für den Dichter ist die Perle eine Träne aus dem Meer, für den Orientalen ein erstarrter Tautropfen, für die Damen ist sie ein Schmuck, den sie an Finger, Hals oder Ohr tragen. Für den Chemiker jedoch ist sie ein Gemisch aus Phosphat und Kalziumkarbonat mit etwas Gelatine. Und für den Biologen ist sie einfach eine krankhafte Sekretion des Organs."
(Jules Vernes – Schriftsteller)

An diesem Beispiel kannst du erkennen, wie unterschiedlich wir etwas wahrnehmen können. Hinzu kommt, dass wir alle unterschiedliche Erfahrungen in unserem Leben gemacht haben und daher alles, was wir hören, sehen, fühlen und schmecken ganz anders wahrnehmen. Versuche, wenn Du in einer ungewollten Situation steckst, einfach mal Deinen Blickwinkel zu ändern. Wenn Du ein Glas, das bis zur Hälfte gefüllt ist, vor Dir hast: ist es halbvoll oder halbleer? Es ändert ja nichts an dem Inhalt (an der Tatsache an sich), aber Deine Sichtweise gibt der Situation den Wert.

❧ ✡ ❧

"Toleranz will gelernt sein. Am Besten fängt man damit an, Nachsicht gegen sich selbst zu üben."
(Robert Muthmann – Autor)

Hätte ich vielleicht...? War das richtig, was ich gesagt habe...? Spuken Dir auch solche Gedanken im Kopf herum? Höre sofort damit auf, denn Du kannst es ja eh nicht mehr ändern! Wenn Du denkst: das wird schwer – dann wird es auch so werden. Wenn Du aber denkst, das fällt mir leicht – dann wird's auch so!

"Ohne Begeisterung, welche die Seele mit einer gesunden Wärme erfüllt, wird nie Großes zu Stande gebracht."
(Adolph Freiherr Knigge – Schriftsteller)

An der Begeisterung merkt man wie motiviert Jemand ist. Echte Begeisterung springt über wie ein Funke und begeistert damit auch Andere. Ohne Begeisterung kann nichts Grosses entstehen und ohne Begeisterung fehlt auch die Ausdauer etwas Grosses zu erreichen. Begeisterung kommt immer von innen und sie braucht als Dünger Selbstvertrauen und den Glauben an ein sinnvolles Ziel.

"Jeder Tag wird ein guter Tag durch Deine Einstellung."
(Ulrich H. Rose – Dichter)

Welche Einstellung hast Du? Die meisten Menschen können diese Frage nicht auf Anhieb beantworten, manche haben sogar von sich eine ganz andere Meinung als Ihre Mitmenschen. Ein Zeichen dafür ist, dass sie ihre eigene Einstellung nicht kennen bzw. sie noch nie richtig eingestellt haben, wenn sie oft anderen die Schuld geben. Bekanntlich gibt es nur einen Weg die Welt zu verändern, indem man seine Einstellung - freiwillig und selbständig - ändert und täglich an sich arbeitet.

"Gehirn: ein Organ, mit dem wir denken, dass wir denken."
(Ambrose Bierce – Schriftsteller)

Das Denken sollte man nicht Anderen und schon gar nicht sich selbst überlassen sondern aufpassen, was man denkt. Denkt man etwas Negatives, fühlt man sich schlecht und dann kommt es meist noch schlimmer. Denkt man dagegen etwas Positives, fühlt man sich gut und man zieht noch mehr davon in sein Leben. Denn die Ausstrahlung ändert sich. Das universelle Gesetz dazu ist das Gesetz der Anziehung: Gleiches zieht Gleiches an.

"Die signifikanten Probleme, die sich uns stellen, können nicht mit dem gleichen Grad des Denkens gelöst werden, den wir hatten als wir sie kreiert haben."
(Albert Einstein – Physiker)

Um die wirkliche Ursache von immer wieder auftretenden Problemen bei uns selbst zu erkennen und um auf die grundsätzliche Lösung zu kommen, brauchen wir Abstand, Gelassenheit, Ruhe und oft auch Intuition. Höre in Dich hinein und folge Deiner inneren Stimme.

"Unkraut wächst in zwei Monaten, eine rote Rose braucht dafür ein ganzes Jahr."
(Mevlana Celaleddin Rumi – Philosoph)

Ein Sprichwort sagt: "Gut Ding will Weile haben." Das Gegenteil von dem heutigen Trend, dass wir alles sofort haben müssen und alles schnell gehen soll, ist wichtig für unsere persönliche Entwicklung. Wenn Du am Grashalm ziehst, wächst der auch nicht schneller! Eine Freundschaft braucht Zeit bis sie wirklich trägt, eine gute Ausbildung dauert Jahre und um unsere Lebensaufgabe zu finden brauchen wir viel Geduld und manchmal entdecken wir sie erst nach vielen Fehlversuchen und vielen Jahren. Wertvolles braucht eben Zeit, Wertloses bekommen wir sofort, oder?

"Tadeln ist leicht; deshalb versuchen sich so viele darin. Mit Verstand loben ist schwer; darum tun es so wenige."
(Anselm Feuerbach – Maler)

Lob und Anerkennung bringen Energie und Kraft; Kritik und Tadel rauben Energie und reduzieren die Leistungsbereitschaft. Auch sich selbst gegenüber! Verurteile Dich nicht für Deine Taten. Waren sie schlecht, so lerne aus ihnen und wiederhole sie einfach nicht wieder.

"Es sind die Begegnungen mit den Menschen, die das Leben lebenswert machen."
(Guy de Maupassant – Schriftsteller)

Jeder Mensch lebt in seiner eigenen Welt und er sieht die Welt mit seinen Augen. Nur wenn wir lernen zuzuhören, werden wir lernen unsere Mitmenschen zu verstehen. Aus Verständnis entsteht Vertrauen und neue Begeisterung.

"Du willst nicht, was Du hast, du willst, was du nicht hast."
(Eckhart Tolle – Lehrer und Autor)

Viele von uns genießen nicht, was Sie haben, und sind nicht zufrieden mit dem, was sie sind. Anstatt dankbar zu sein für das, was ist, ärgern wir uns über das Vergangene und sorgen uns um das Morgen. Die Lösung liegt in uns und im Annehmen der Gegenwart.

"Wer Vertrauen hat, erlebt jeden Tag Wunder."
(Peter Rosegger - Schriftsteller)

Vertrauen erwächst aus dem Selbstvertrauen und hat viel mit Glauben zu tun. Glaubst Du an Dich? Glaubst Du, dass Dir heute etwas Gutes widerfährt und dass Dir heute alles gelingt? Und das Geheimnis ist: Erst wenn Du Dir selbst voll und ganz vertraust, vertrauen Dir auch die Anderen und sie haben den Mut Dir Vertrauen zu schenken.

"Unsere Fehlschläge sind lehrreicher als unsere Erfolge."
(Henry Ford - Automobilhersteller)

Erfahrungen sind wertvoller als angelesenes oder übernommenes Wissen. Nur wenn wir bereit sind auch Fehler zu machen und ein Risiko einzugehen, entwickeln wir uns weiter und schaffen es unser Ziel zu erreichen. Es geschieht nichts Neues ohne den Mut Entscheidungen zu treffen, wenn wir noch nicht wissen, was die richtige Entscheidung sein wird. Denn eine „richtige" Entscheidung gibt es einfach nicht.

"Wer die Auswirkung seiner Gedanken auf sein Unbewusstes erkannt hat, der weiß, dass sein Gedankenleben nicht mehr gedankenlos vor sich gehen sollte. Er wird sich Gedanken über seine Gedanken machen."
(Emile Coué – Begründer der bewussten Autosuggestion)

Bekanntlich können Gedanken uns krank machen aber natürlich auch das Gegenteil davon. Also achte auf Deine Gedanken. Negative Einstellungen wirken wie Barrieren. Sie versperren uns den Weg zum Erfolg. Sätze wie: "Ich bin nun mal kein guter Mensch", „Ich werde es nie schaffen" oder „Ich versteh das einfach nicht, es lohnt sich gar nicht, dass ich mich anstrenge" sind echte „Motivationskiller". Sie bringen Dich nicht weiter! Also stell das sofort ab!

"Ich will Dir ein Liebesmittel anzeigen, ohne Trank, ohne Kräuter, ohne Zauberformeln: Willst Du geliebt werden, so liebe."
(Seneca - Philosoph)

So wie Du andere Menschen behandelst, wirst Du auch von ihnen behandelt. Liebst Du es andere zu kritisieren, wirst Du oft von Anderen kritisiert. Da gibt es viele verschiedene Spielarten mit Misstrauen, Hass und vieles mehr. Gehst Du jedoch mit Anderen liebevoll um und lässt sie einfach so wie sie sind, kommt auch das zu Dir zurück – dann wird man Dich auch so annehmen können wie Du bist. Wir haben die Wahl dieses Naturgesetz Tag für Tag neu anzuwenden und die Wirkungen, die wir selbst verursachen, zu erfahren.

꒜ ✡ ꒜

"Wer keinen Sinn im Leben sieht, ist nicht nur unglücklich, sondern kaum lebensfähig."
(Albert Einstein – Physiker)

Viele unserer Mitmenschen sind unmotiviert, einige davon haben vielleicht auch schon innerlich gekündigt und sich selbst aufgegeben. Das kann denjenigen nicht passieren, die für sich einen Sinn für ihre Arbeit oder sogar für ihr Leben gefunden haben. Finde einen Sinn in deinem Leben um Dein Leben lebenswert zu machen!

"Was die Raupe Ende der Welt nennt, nennt der Rest der Welt Schmetterling."
(Lao-tse – Philosoph)

Manche Schicksalsschläge stellen sich später als ein Geschenk des Himmels heraus, ohne die wir eine einmalige Chance nie erkannt oder wahrgenommen hätten. Das Positive daran merken wir aber erst nach Monaten oder Jahren und dann begreifen wir erst den Sinn. Deshalb ist es besser einfach zu akzeptieren, was geschehen ist als dagegen anzukämpfen. Stelle Dir ab jetzt bei jedem Problem die Frage: „Wer weiß, wozu es gut ist?".

"Man kann neue Ufer nur erreichen, wenn man den Mut hat, die alten zu verlassen."
(Christoph Columbus - Seefahrer)

Ein Schiff ist ja auch nicht dafür gebaut, nur im Hafen rumzuliegen! Ausdauer und Durchhaltevermögen sind positive Eigenschaften, doch man darf sie nicht mit Verbissenheit und falschem Ehrgeiz verwechseln. Oft ist es besser, sich von Zielen, Projekten, Träumen oder auch von Menschen zu trennen. Keiner sagt, dass dies Leicht ist! Aber das Loslassen, wenn etwas nicht mehr zu erreichen oder gar nicht erstrebenswert ist, und sich dann neu zu orientieren ist unerlässlich um das eigene Ziel zu erreichen.

"Wer die Fehler bei anderen sucht, kann seine eigenen nicht sehen."
(Mahatma Gandhi – Friedensaktivist)

Es macht keinen Sinn Fehler bei den Anderen zu suchen oder Ihnen die Schuld für etwas zu geben, was einem selbst passiert ist. Das einzige, was zu einer wirklichen Veränderung führt, beginnt mit Annehmen, Verzeihen und führt über die Veränderung der eigenen Einstellung zur Veränderung der Mitmenschen - es funktioniert nicht anders herum.

"Es ist mit der Liebe wie mit den Pflanzen: Wer Liebe ernten will, muss Liebe säen."
(Jeremias Gotthelf – Schriftsteller)

„Vertrauen und Achtung, das sind die beiden unzertrennlichen Grundpfeiler der Liebe, ohne welche sie nicht bestehen kann; denn ohne Achtung hat die Liebe keinen Wert und ohne Vertrauen keine Freude."
(Heinrich von Kleist -Lyriker)

Es gibt Menschen bei denen gedeihen Pflanzen und es gibt auch Menschen bei denen entwickeln sich Menschen. Was beide gemeinsam haben ist die Freude am Leben und Freude an der Aufgabe für Wachstum und Entwicklung zu sorgen. Wahrscheinlich sind Liebe und Anerkennung die besten Dünger der Welt.

"Einen Vorsprung im Leben hat, wer da anpackt, wo die anderen erst einmal reden."
(John F. Kennedy – Präsident)

Manchmal kommt man sich vor als wäre man von „Bedenkenträgern" und „Schlechtmachern" umkreist. Bloß keine Fehler machen und alles gründlich abwägen bevor man eine Entscheidung trifft. So wird das Leben langweilig, Entwicklungen dauern endlos und man kommt nicht zum Ziel. Es ist besser aus Fehlern zu lernen und voranzukommen als aus Angst vor Fehlern oder dem eventuellen Misserfolg stecken zu bleiben.

"Wir verlangen, das Leben müsste einen Sinn haben. Aber es hat nur soviel Sinn, wie wir ihm geben."
(Hermann Hesse – Dichter)

Den Sinn unseres Lebens wie auch den Sinn unserer Arbeit finden wir in keinem Buch, in keinem Seminar und auch kein Anderer kann ihn uns sagen. Wir müssen ihn selbst finden; die Lösung ist in uns.

"Wenn du ein Problem hast, versuche es zu lösen. Kannst du es nicht lösen, dann mache kein Problem daraus."
(Siddharta Gautama – Begründer des Buddhismus)

Solange wir leben wird es immer wieder das eine oder andere Problem geben. Probleme sind dazu da, dass wir sie meistern, nicht dazu uns über sie zu ärgern. Wir können aus Ihnen lernen! Jeden Tag aufs Neue.

"Begeisterung ist eine Liebeserklärung an das, was Du tust!"
(unbekannt)

Musst Du etwas tun, dann solltest Du es mit Begeisterung tun. Denn wenn Du begeistert bist, strahlst Du auch Freude und Energie aus – und das ist ansteckend. Im Wort Begeisterung steckt Geist; etwas Geist und Geduld brauchen wir, um zu entdecken, warum wir das, was wir tun, wirklich gern tun. Und dann sind wir davon begeistert.

„Das Leben ist bezaubernd, man muss es nur durch die richtige Brille ansehen."
(Alexandre Dumas – Schriftsteller)

Sind wir verliebt, so haben wir die rosarote Brille auf. Flaut die Verliebtheitsphase ab, ist auch die rosa Farbe weg. Wenn etwas grau wirkt, dann ändere deinen Blickwinkel. Wenn es jetzt grau wirkt, dann war es auch schon vorher grau! Du wolltest es nur so nicht sehen! Denke an das halbvolle oder halbleere Glas! Es ändert nichts an der Sache an sich – aber Deine Einstellung zu der Sache gibt Dir das bessere Gefühl.

⊰ ✡ ⊱

"Vertraue auf dein Glück - und du ziehst es herbei."
(Seneca - Philosoph)

Die Menschen sind häufig glücklich, die das Glück auch erwarten. Auch Nörgler und Pessimisten bekommen das, was Sie erwarten nämlich Kritik und Probleme. Wie heißt es so schön? Es geschehe ihnen nach ihrem Glauben.

"Wer große Ausdauer hat, bleibt immer Sieger."
(Horst Schömer – Autor)

Erst die Ausdauer bringt den Erfolg! Erst wenn ich weiß, wo ich hin will, wenn ich mein wirkliches Ziel gefunden habe, bringt mich meine Ausdauer zum Ziel - Schritt für Schritt und Tag für Tag. Habe ich noch kein klares Ziel kann ich auch nicht ankommen.

"Die größte Gefahr ist, dass man zu vorsichtig wird."
(Alfred Adler – Begründer der Individualpsychologie)

Angst bedeutet Enge und Angst macht eng. Selbstvertrauen macht locker. Angst schnürt den Brustkorb zusammen, hält den Atem an und blockiert das Denken. Denke einfach an das, was Du Dir wünschst und nicht an das, was Du fürchtest. Es ist so einfach: Das, was Du denkst, und das, an was Du glaubst, wird Realität. Keine Macht der Welt kann es verhindern.

"Wenn wir wüssten, wie kurz das Leben ist, wir würden uns gegenseitig mehr Freude machen"
(Ricarda Huch – Philosophin)

Jeder Mensch möchte glücklich sein. Aber wir vergessen jeden Tag aufs Neue, dass, was wir aussenden, auch unweigerlich zu uns zurückkommt. Das funktioniert sowohl bei Kritik und nach Fehlern zu suchen bei Anderen als auch bei Anerkennung und Lob. Was von den beiden macht uns selbst mehr Freude? Wir ernten nur, was wir selbst säen.

"Mann muss seinen Job lieben, denn nur dann leistet man wirklich gute Arbeit und man darf nicht aufgeben."
(Donald Trump – Milliardär)

Ja, so einfach ist es, wenn man den Sinn in seiner Arbeit gefunden hat. Wenn man noch nicht so weit ist, gibt es einen Menschen, der Dir helfen kann und es auch tun wird: Du selbst. Fange an, den Sinn in Deiner Arbeit zu suchen und setze Dir eigene Ziele. Du wirst Dich wundern wie leicht alles wird, wenn Du es willst und dann auch tust.

"Wenn du dein Leben lang einsammelst, wann willst du das Gesammelte genießen?"
(Arabische Weisheit)

Je mehr wir haben, umso weniger Zeit haben wir für uns selbst. Deshalb ist oft weniger mehr.

"Das Geheimnis des Lebens besteht nicht darin, dass du alles hast, was du willst, sondern dass du alles willst, was du hast."
(Neale Donald Walsch – Autor)

Über den Sinn dieser Weisheit muss man erst mal in Ruhe nachdenken, bevor man sie versteht. Wenn wir annehmen, was wir haben oder was uns geschieht, wird das Leben bewusster und auch leichter. Ein anderes Wort für Annehmen ist Akzeptieren, vielleicht sogar dankbar sein.

"Wer nicht mit dem zufrieden ist, was er hat, der wäre auch nicht mit dem zufrieden, was er haben möchte."
(Berthold Auerbach – Schriftsteller)

Zufriedenheit ist eine Lebenskunst, die man sich aneignen kann. Erst wenn man akzeptiert, was ist und wie es ist, ist man in der Lage seine Zukunft zu gestalten. Wer sich dagegen wehrt oder sogar verdrängt, macht Probleme noch größer und zieht noch mehr davon an.

~ ✡ ~

"Der Kluge ärgert sich über die Dummheiten, die er machte, der Weise belächelt sie."
(Curt Goetz – Schauspieler und Schriftsteller)

Warum ärgern sich die Menschen, wenn etwas nicht so läuft, wie sie es sich vorgestellt haben? Was bringt ihnen dieser Ärger? Nichts! Und dazu kommt oft noch Lustlosigkeit. Besser als sich zu ärgern, wäre es, die Situation so zu akzeptieren, wie sie eben ist und sich entweder zu überlegen, was man daraus lernen kann oder etwas Anderes zu tun, was Freude macht. Wenn ich im Stau stehe, dann kann ich doch das Auto vor mir nicht „wegärgern"! Suche das Positive, was Dir dieser kurze Moment der Pause bringen könnte!

"Die Zukunft ist offen. Sie ist kein unentrinnbares Schicksal und kein Verhängnis. Sie kommt nicht einfach über uns. Wir können sie gestalten - mit dem, was wir tun und mit dem, was wir nicht tun."
(Johannes Rau – Bundespräsident)

Denke immer daran, dass Du mit Deinem Denken und Handeln, was Du heute tust, Deine Zukunft gestaltest. Achte täglich darauf, was Du verursachst! Vielleicht wirst Du sogar ein Vorbild, wenn Du das Tag für Tag vorlebst, was Du weißt.

„Das Geheimnis meines Erfolgs ist: Ich habe nie, nie, nie aufgegeben!" *(Winston Churchill – Premierminister und Literaturnobelpreisträger)*

Vor vielen Jahren wurde der große britische Staatsmann Winston Churchill gebeten an der Universität von Oxford einen Vortrag über seinen Erfolg zu halten. Die Menschen waren gespannt auf seine Erfolgsgeheimnisse und hörten die Einführungsrede des Professors, der Churchill schließlich auf die Bühne bat. Churchill wartete einige Sekunden bis vollständige Stille im Raum herrschte und sagt dann: "The secret of my success is: I never, never, never gave up!" Anschließend setzte er sich wieder auf seinen Platz und ließ die verblüfften Zuschauer zurück. Das war vielleicht die kürzeste Rede, die je in Oxford gehalten wurde, aber es war sicherlich eine der Besten.

⤳ ✡ ⤶

"Unsere größte Schwäche liegt im Aufgeben. Der sicherste Weg zum Erfolg ist immer, es doch noch einmal zu versuchen."
(Thomas Alva Edison - Erfinder)

Unsere Misserfolge sind genauso wichtig wie unsere Erfolge. Der Weg zum Erfolg verläuft nicht geradlinig, sondern mit vielen Höhen und Tiefen - so wie ein Aktienkurs. Man hat im Leben erst verloren, wenn man aufgibt. Solange man das nicht tut und keinen Misserfolg als endgültige Niederlage akzeptiert, hat man nicht verloren. Gebe deshalb niemals, niemals, niemals auf - egal was passiert!

"Das ist mein Weg, welches ist Dein Weg? DEN Weg gibt es nicht."
(Friedrich Nietzsche – Philosoph)

Beginne heute noch mit der Verwirklichung Deines Lebensziels - ein kleiner Erfolg ist besser als ein großer Traum ohne Handlung. Ein Grund warum viele Menschen Ihren Träumen nicht folgen, ist dass es einfacher ist die Dinge zu akzeptieren wie sie sind. Es ist einfacher zu sagen "Das ist unmöglich!" oder "Das schaffe ich nie!" als das Risiko auf sich zu nehmen und einfach anzufangen. Zögere deshalb nicht! Treffe heute Deine Entscheidung und stehe felsenfest dahinter. Dann kann Dich nichts aus der Bahn werfen.

"Verantwortlich ist man nicht nur für das, was man tut, sondern auch für das, was man nicht tut."
(Lao-tse – Philosoph)

Übernehme Verantwortung für Dein Leben, Deine Handlungen und Nicht-Handlungen und die Fragen, die Du Dir stellst. Du kannst ein Leben lang auf einen Lottogewinn oder ein Wunder warten, aber Du wirst niemals reich, wenn Du nicht selbst aktiv wirst. Nur Du selbst kannst Dein Leben verändern oder verbessern - die Entscheidung liegt ganz allein bei Dir.

Nimm dir Zeit, um zu arbeiten,
es ist der Preis des Erfolges.
Nimm dir Zeit, um nachzudenken,
es ist die Quelle der Kraft.
Nimm dir Zeit, um zu spielen,
es ist das Geheimnis der Jugend.
Nimm dir Zeit, um zu lesen,
es ist die Grundlage des Wissens.
Nimm dir Zeit, um freundlich zu sein,
es ist das Tor zum Glücklichsein.
Nimm dir Zeit, um zu träumen,
es ist der Weg zu den Sternen.
Nimm dir Zeit, um zu lieben,
es ist die wahre Lebensfreude.
Nimm dir Zeit, um froh zu sein,
es ist die Musik der Seele.
Nimm dir Zeit, um zu genießen,
es ist die Belohnung deines Tuns.
Nimm dir Zeit, um zu planen,
dann hast Du Zeit für die übrigen neun Dinge.

(unbekannter Autor)

～ ✡ ∾

Kümmere Dich nicht um Geld,
kümmere Dich um die wesentlichen Dinge.
Die wesentlichen Dinge sind Dinge,
die Dir am Herzen liegen.
Tue nichts, absolut nichts des Geldes wegen.
Aber tue alles, was Dir am Herzen liegt,
und tue es ganz.
Wenn Du radikal diesem Weg folgst,
kommt Geld,

Safi Nidiaye
„Das Bewusstsein Orakel"

꙳ ✡ ꙳

Die Menschen,
die sich ihren Lebensunterhalt
mit der Tätigkeit verdienen,
die sie lieben,
sind die, die darauf bestehen.

Sie geben niemals auf,
machen keine Kompromisse,
Sie gestatten dem Leben nicht,
sie nicht das tun zu lassen,
was sie lieben.

Geh und tue,
was du wirklich zu tun liebst –
und nichts anderes!
Du hast so wenig Zeit!!

(unbekannter Autor)

꙳ ✡ ꙳

Wir Menschen tragen eine Bürde,
die gleichzeitig ein Segen ist:
die große Verantwortung der Willensfreiheit –
die Macht der freien Entscheidung.
Vieles in unserer Zukunft wird durch Entscheidungen bestimmt,
die wir heute treffen.
Die äußeren Umstände unseres Lebens
haben wir nicht immer unter Kontrolle,
aber unsere Reaktionen auf das, was uns begegnet,
können wir selbst bestimmen.
Wenn wir uns der Macht unseres freien Willens bewusst werden,
finden wir den Mut,
intensiv in dieser Welt zu leben.

(Dan Millman aus „der friedvolle Krieger")

～ ✡ ～

∂ ✡ ҩ

Eine Bitte der Autorin

Es wäre mir eine große Freude, von Dir zu hören, ob das eine oder
andere Zitat Dir geholfen, oder Dein Leben in irgendeiner Weise
verändert oder beeinflusst hat!
Auch wenn ich vielleicht nicht jeden Brief beantworten kann, ich werde
jeden Brief lesen! Ich freue mich über jedes Feedback!

Naturheilpraxis Krohn
Christiane Krohn
Kaiserdamm 4
D-14057 Berlin
Deutschland

꙳ ✡ ꙳

Weitere Bücher von Christiane Krohn:

- die Sprache der Niere
(BOD, ISBN 3-8334-4357-X)

- Metaphernsammlung und Weisheitsgeschichten
(BOD, ISBN -13: 978-3837012057)

Praxisangebot:
- Motivationsseminare
- Intensive 3-tägige Hypnose-Durchbruchsitzungen

info@naturheilpraxis-krohn.de
www.hypnoseberlin.de